essentials

essentials liefern aktuelles Wissen in konzentrierter Form. Die Essenz dessen, worauf es als „State-of-the-Art" in der gegenwärtigen Fachdiskussion oder in der Praxis ankommt. *essentials* informieren schnell, unkompliziert und verständlich

- als Einführung in ein aktuelles Thema aus Ihrem Fachgebiet
- als Einstieg in ein für Sie noch unbekanntes Themenfeld
- als Einblick, um zum Thema mitreden zu können

Die Bücher in elektronischer und gedruckter Form bringen das Expertenwissen von Springer-Fachautoren kompakt zur Darstellung. Sie sind besonders für die Nutzung als eBook auf Tablet-PCs, eBook-Readern und Smartphones geeignet. *essentials:* Wissensbausteine aus den Wirtschafts-, Sozial- und Geisteswissenschaften, aus Technik und Naturwissenschaften sowie aus Medizin, Psychologie und Gesundheitsberufen. Von renommierten Autoren aller Springer-Verlagsmarken.

Weitere Bände in dieser Reihe http://www.springer.com/series/13088

Manfred Faber · Thomas Badalec

Krankheit als Projekt angehen

Schwere Gesundheitsprobleme als Aufgabe verstehen und lebensfördernd gestalten

Manfred Faber
München, Deutschland

Thomas Badalec
München, Deutschland

ISSN 2197-6708
essentials
ISBN 978-3-658-15463-9
DOI 10.1007/978-3-658-15464-6

ISSN 2197-6716   (electronic)

ISBN 978-3-658-15464-6   (eBook)

Die Deutsche Nationalbibliothek verzeichnet diese Publikation in der Deutschen Nationalbibliografie; detaillierte bibliografische Daten sind im Internet über http://dnb.d-nb.de abrufbar.

Gedruckt auf säurefreiem und chlorfrei gebleichtem Papier

Springer Gabler ist Teil von Springer Nature
Die eingetragene Gesellschaft ist Springer Fachmedien Wiesbaden GmbH
Die Anschrift der Gesellschaft ist: Abraham-Lincoln-Str. 46, 65189 Wiesbaden, Germany

Was Sie in diesem *essential* finden können

- Eine andere Betrachtungsweise zum Thema Krankheit
- Individuelle Handlungsoptionen
- Einen Einblick in das Gesundheitssystem aus dem Blickwinkel eines Erkrankten
- Eigene Erfahrungsberichte der Autoren
- Ideen und Vorschläge, was man aus solch einer Erfahrung lernen kann

Vorwort

Stellen Sie sich vor, Sie sind leitender Angestellter mit hervorragender Karriereperspektive, Geschäftsführer Ihres eigenen Unternehmens oder auch einfach ein Mensch, der mitten im Leben steht und mit beiden Beinen fest im Beruf verankert ist; und plötzlich erhalten Sie die Diagnose „Krebs"! Von einem Tag auf den anderen ist alles anders. Viele Fragen tauchen aus dem Nichts auf: Wie kommuniziere ich das heikle Thema? Wie gestalte ich meine Abwesenheit? Wie organisiere ich den Krankheits-/Genesungsprozess? Gerade in der Anfangsphase schwirrt einem der Kopf vor Ungewissheiten. Dieses Buch soll Ihnen helfen, mit all diesen Fragen besser umzugehen, Ihre Stärken einzusetzen und aus ihnen Kraft zu schöpfen. Denn nirgendwo verbringen wir mehr Zeit als in unserem Beruf. Und gerade, wenn wir diesen gerne und erfolgreich ausüben, können wir die Routinen und Arbeitsweisen, welche wir uns über Jahre angeeignet haben gewissermaßen auf das „Management" der Krankheit „übertragen". Durch das Beschreiten vertrauter Pfade, kann man in dieser schweren Lebensphase Sicherheit schaffen und trotz Krankheit erfolgreich seine persönlichen und beruflichen Ziele weiterverfolgen oder einfach nur eine persönliche Strategie entwickeln, um besser mit der Krankheit umzugehen.

München, Deutschland

Manfred Faber
Thomas Badalec

Inhaltsverzeichnis

Einleitung

In Bayern gibt es eine einfache Redewendung um komplexe Sachverhalte auf Ihre Notwendigkeit hin zu überprüfen – sie lautet „braucht's des?". Diese Frage kann man auch für die Veröffentlichung dieses Buches stellen. Braucht's des? Die Antwort lautet: Ja!

Wir sind sogar der festen Überzeugung, dass es schon lange überfällig war. Denn nach wie vor wird das Thema der eigenen Krankheit bei Fach- und Führungskräften sowie erfolgreichen Menschen allgemein am liebsten verschwiegen und tabuisiert. In der Firma lautet es dann offiziell „Ist gerade für längere Zeit nicht anwesend" und unter vorgehaltener Hand „Sie wissen schon was ich meine". Eine Krankheit scheint oftmals ein so schlimmes Thema zu sein, dass man es gar nicht aussprechen möchte. Auch die Betroffenen selbst stecken oft eine Menge Energie in das Verbergen der Situation und für ihr „Alles-In-Ordnung-Gesicht". Dies ist kein schöner Zustand, denn er kostet die Kranken oftmals zusätzliche Kraft, die sie unter Umständen nicht haben. Und noch dazu sollte es nichts sein, dass man unter viel Aufwand verstecken muss: denn ausgesucht hat es sich schließlich keiner.

Dieses Buch soll deutlich machen, dass auch erfolgreiche, geerdete Persönlichkeiten und sogar Führungskräfte krank werden und ausfallen können. Dass sie nicht immer so stark sind, wie das Umfeld es von ihnen erwartet oder wie sie sich gern selbst nach außen darstellen. Zum anderen soll dieses Buch strukturiert agierenden und arbeitenden Menschen zeigen, wie sie ihre bisherige Berufserfahrung gezielt für ihr privates „Projekt Krankheit" einsetzen und zu einem Erfolgsfaktor machen können. Denn auch hierbei handelt es sich um ein Projekt, welches dem Betroffenen einiges an Professionalität abverlangt.

Dieses Buch beschreibt die verschiedenen Phasen eines „Krankheitsprojektes", welche Notwendigkeiten bestehen und gibt eine Vielzahl von Verhaltensempfehlungen. Hierbei wird berücksichtigt, dass jeder Mensch individuell ist und seinen persönlichen Weg finden muss. Das Buch soll deshalb lediglich Möglichkeiten aufzeigen und helfen, diesen individuellen Weg für sich selbst zu finden. Checklisten sollen offene Fragen beantworten und das Treffen wichtiger Entscheidungen erleichtern. Auch auf die emotionale Ebene wird in diesem Buch eingegangen, sie nimmt jedoch keinen zentralen Platz ein. Dafür gibt es auf dem Markt eine Reihe sehr guter, spezieller Ratgeber.

Wir, die Autoren, haben selbst jeweils schwere Erkrankungen erlitten, bzw. sind noch damit befasst. Auch wir hatten uns vorher nicht mit der Situation einer Erkrankung beschäftigt, es traf uns „aus heiterem Himmel". Auch wir waren früher der festen Überzeugung, unverwüstlich zu sein und dass eigentlich nur „die Anderen" krank werden. Wir konnten trotzdem unseren (Aus-)Weg finden und wertvolle Erfahrungen sammeln. Wir haben sowohl Positives erlebt, als auch herbe Rückschläge einstecken müssen. Und vor allem: wir sind an unseren persönlichen „Projekten" gewachsen.

All dies wollen wir Ihnen vermitteln und mit Ihnen teilen. Dieses Buch soll Sie als Erkrankter, Partner, Freund oder Angehöriger begleiten, Ihnen Impulse geben, Sie zum Nachdenken anregen und Ihre Entscheidungen erleichtern.

Die Diagnose 1

Eine Krebsdiagnose, eine unheilbare Krankheit, ein Herzinfarkt oder Schlaganfall, eine dringende folgenschwere Operation, ein Unfall mit schwerer Verletzung… Noch gestern hätte man niemals damit gerechnet, selbst davon betroffen zu sein. Doch leider kommen schwere Diagnosen meist ohne große Vorwarnung „aus heiterem Himmel". Oftmals kommen sie so überraschend, dass es zunächst ein wenig Zeit braucht um zu realisieren, was passiert ist und welche Bedeutung es womöglich für das weitere Leben haben wird.

Manchmal jedoch gibt es auch Vorboten, die man aber nur allzu gerne abtut oder ignoriert. Wie sonst lässt es sich erklären, warum man z. B. mit einer angebrochenen Wirbelsäule noch unbeirrt weiterarbeitet. Oder sich darüber wundert, warum bei einem akuten Schlaganfall ein Rettungshubschrauber angefordert wird und man sich kurioserweise noch während des Transports darüber Gedanken macht, wer diesen Einsatz wohl bezahlen soll. Selbst in solchen Situationen denkt man noch daran was alles zu tun ist und welche Aufgaben noch erledigt werden müssen. Das ist erklärbar mit Schocksymptomen, einem Verdrängungsmechanismus und einem übersteigerten Pflichtbewusstsein. Aber es ist unbedingt notwendig, dass einem so schnell wie möglich klar wird, dass dies nun ein gravierender Einschnitt im Leben ist, welchem oberste Priorität abverlangt wird. Sobald einem klar geworden ist, was eigentlich passiert, ist es unbedingt notwendig Hilfe zu holen. Es geht darum, rechtzeitig eine medizinische Erstversorgung zu gewährleisten. Und da ist unserer Meinung nach auf jeden Fall die lebensrettende Schulmedizin im Vordergrund. Medizinische Erstversorgung bedeutet auch alle Möglichkeiten in Betracht zu ziehen, die unser gut ausgestattetes Gesundheitssystem bietet. Es ist besser einen Krankenwagen zu bestellen, wenn man nicht sicher ist oder einmal zu viel die Notaufnahme einer Klinik aufzusuchen, als aus falscher Bescheidenheit oder aus Heldentum einmal zu wenig. Beispiele hierzu können wir aus eigener Erfahrung schildern:

© Springer Fachmedien Wiesbaden 2016
M. Faber und T. Badalec, *Krankheit als Projekt angehen*, essentials,
DOI 10.1007/978-3-658-15464-6_1

Ich, Manfred Faber, verspürte ungewöhnlich heftige Schmerzen im Rücken, interpretierte dies jedoch als einen unangenehmen, aber harmlosen Hexenschuss. Nur auf Drängen eines Freundes wurde ein Krankenwagen bestellt. Ich wollte mich eigentlich nur zuhause ins Bett legen und den nächsten Morgen abwarten. Im Krankenhaus stellte sich heraus, dass die Wirbelsäule gebrochen war und dass sich bereits eine Querschnittslähmung entwickelte. Wäre ich nicht ins Krankenhaus gegangen, wäre ich über Nacht wahrscheinlich durch die innere Blutung vollends querschnittsgelähmt geworden und dies auch geblieben. Möglicherweise wäre ich sogar durch die inneren Blutungen ums Leben gekommen.

Ich, Thomas Badalec, deutete sehr starke, stechende Kopfschmerzen sowie einen Gesichtsfeldausfall als Migräne und versah lieber bis in die Nacht hinein pflichtbewusst als Einsatzleiter meinen Dienst anstatt mich sofort ärztlich untersuchen zu lassen. Denn es handelte sich um einen leichten Schlaganfall! Am Folgetag erlitt ich einen zweiten, diesmal heftigen Hirninfarkt mit halbseitiger Lähmung. Im Rettungshubschrauber macht ich mir darüber Sorgen, den Notarzteinsatz bezahlen zu müssen, anstatt zu verstehen, was gerade passiert ist. Auf der Intensivstation machte ich mir mehr Gedanken darüber, wie ich eine unmittelbar bevorstehende dreitägige Fachtagung von der Intensivstation aus weiter organisieren sollte, anstatt mich mit meiner lebensbedrohlichen Situation auseinanderzusetzen.

▶   Tipp: Lieber nicht den Starken spielen! In akuter Notsituation direkt
      Hilfe holen, lieber einmal zu viel als zu spät.

Nicht jede schwere Krankheit beginnt jedoch mit einer akuten Notsituation. Auch Diagnosen, deren Verdacht erst nach einigen Tagen oder Wochen bestätigt werden kann, nagen mit ihrer Ungewissheit an einem und genau diese Zeit sollte man nutzen, um sich auf das möglicherweise Bevorstehende vorzubereiten. Ganz wichtig ist der Dialog und Gedankenaustausch mit vertrauten Menschen. Holen Sie unbedingt den Partner, Familienmitglieder oder gute Freunde mit ins Boot. Falls noch Zeit bleibt, ist zu überlegen, ob man nicht auch begleitend professionelle psychologische Unterstützung in Anspruch nehmen sollte. Sie erhalten von einem „Unbeteiligten", der emotional persönlich nicht an Sie gebunden ist und für schwierige Lebenssituationen geschult ist, eine andere Betrachtungsweise. Lassen Sie sich von ihren behandelnden Ärzten eine persönliche Empfehlung für einen Psychotherapeuten geben. Gerade Managern oder Persönlichkeiten, die ungern die Fäden aus der Hand geben, fällt dies oft besonders schwer, weil sie jetzt die Rolle des „Starken" verlassen müssen.

Ist die Diagnose konkret, geht es darum erste Schritte zu planen. Die anfängliche Vermutung hat sich bestätigt und es führt nun kein Weg mehr daran vorbei, die neuen Gegebenheiten zu akzeptieren und in die weitere Planung mit einzubeziehen. Oft ist nun eine Auszeit unumgänglich. Um dies vorzubereiten, ist es wichtig die notwendigen Gespräche zu führen. Grundgedanke ist hier: wen informiert man zuerst, was wird kommuniziert, welche Personen bindet man in seine weiteren Planungen mit ein und welche Personen bewusst nicht. Denn leider muss man sich auch in solch einer Ausnahmesituation vorausschauend, klug und „politisch korrekt" verhalten. Es kann durchaus eine Reihe von Menschen geben, die Ihre Notsituationen gern nutzen, um für sich selbst daraus Vorteile zu gewinnen. Die meisten Menschen werden Ihnen in solch einer Situation jedoch wohlwollend und hilfsbereit gegenüberstehen. Denn zunächst ist jeder schockiert und außerdem froh, dass es ihn nicht selbst erwischt hat.

Geben Sie sich selbst die Möglichkeit, sich ganz auf Ihr „neues Projekt" zu konzentrieren: Ihre Krankheit.

Weichen stellen

Eine Krankheit kündigt sich selten mit genügend „Vorlaufzeit" an, weshalb für eine gewissenhafte, strategische Planung leider wenig oder gar keine Zeit bleibt. Meist muss spontan gehandelt werden. Wenn eine erste Diagnose vorliegt, ist die Krankheit meist schon in vollem Gange. Allerdings kann uns die heutige, oft stressige Unternehmenswelt hier ausnahmsweise von Vorteil sein: denn eine Situation, in welcher zwar nicht alle Informationen vorliegen, aber die Zeit bereits zum Handeln drängt, ist etwas, womit wir durchaus aus dem Berufsalltag bestens vertraut sind.

Trotzdem gilt es, Prioritäten zu setzen und die Entscheidungen vor dem Hintergrund zu fällen, dass sie der gesundheitlichen Genesung nicht abträglich sind. Denn wenn erst noch schnell das „wichtige" Marketingprojekt abgeschlossenen werden muss und die unangenehme Chemotherapie erst danach beginnen soll, tut man sich selbst damit keinen Gefallen und auch das Umfeld wird es einem vermutlich nicht danken.

Im privaten Umfeld müssen Partner, Kinder, Freunde und andere Vertrauenspersonen unbedingt in Kenntnis gesetzt und über den aktuellen Stand der Dinge informiert werden. Wegen der sozialen Verantwortung, Ihrer Rolle bei der Absicherung der Familie und weil gerade nahe Angehörige wichtige Begleiter im bevorstehenden Prozess sein werden, ist dieser Punkt besonders wichtig.

Deswegen gilt es hier, gezielt zu kommunizieren und zwar adressatengenau. Es ist wichtig zu überlegen, wie Sie Ihren Partner, Ihre Kinder oder Ihre engen Freunde in Kenntnis setzen. Genauso wichtig wie diese Kommunikation ist jedoch auch zu prüfen, ob alle Instrumente der Absicherung am Platz sind und auf dem aktuellen Stand. Dazu zählen die allgemeinen, wichtigen Dokumente wie z. B. Versicherungspolicen und selbstverständlich auch das Testament. Jenes wird am besten mithilfe eines Notars angefertigt und im Testament-Register

© Springer Fachmedien Wiesbaden 2016
M. Faber und T. Badalec, *Krankheit als Projekt angehen*, essentials,
DOI 10.1007/978-3-658-15464-6_2

hinterlegt. Hinterlassen Sie Ihren Angehörigen im Falle des Falles kein ungeordnetes Chaos. Auch Ihnen selbst wird es eine gewisse Sicherheit und Ruhe geben, wenn Sie wissen, dass alles organisiert ist. Ebenso wichtig sind folgende, weitere Unterlagen:

- Die Patientenverfügung
  Dort wird schriftlich festgehalten, welche lebenserhaltenden medizinischen Maßnahmen umgesetzt werden sollen und welche nicht. Sie tritt dann in Kraft, wenn der Patient nicht mehr entscheidungsfähig ist und ist für die behandelnden Ärzte bindend.
- Die Vorsorgevollmacht
  Hierbei wird einer konkret genannten Person eine Vollmacht für klar definierte Aufgaben erteilt. Vor allem die Weiterführung der Bankgeschäfte, die Bearbeitung der eingehenden Post und die Durchführung daraus resultierender Aufgaben sind hierbei klassische Themen. Die Vollmacht soll dann in Kraft treten, wenn der Patient selbst nicht mehr aktiv werden kann und soll vermeiden, dass ein Betreuer von Amtswegen bestellt wird und dann möglicherweise nicht im Sinne des Patienten entscheidet. Wählen Sie eine Person aus, der Sie uneingeschränkt vertrauen können.

Entsprechende Formulare erhält man bei seiner Gemeinde (z. B. Rathaus) oder findet sie im Internet.

Für den **beruflichen Teil** gilt: können Sie überhaupt noch kurzfristig an den Arbeitsplatz zurückkehren oder muss die medizinische Behandlung sofort beginnen?

Wenn eine, wenn auch vorübergehende Rückkehr an den Arbeitsplatz noch möglich ist, ist der Umfang festzulegen und die Arbeit so zu gestalten, dass die Gesundheit nicht weiter gefährdet wird. Manch einem mag es psychisch sogar besser ergehen, wenn der (berufliche) Alltag in einem gewissen Umfang aufrechterhalten wird. Es ist sehr hilfreich, bereits im gesunden Zustand sicherheitshalber eine Checkliste mit einer Zusammenstellung wichtiger Aufgaben und möglichen personellen Vertretungen anzufertigen und im Notfall zur Hand zu haben. Solch eine Checkliste ist natürlich sehr individuell. Wie sie aussehen könnte, zeigt dieses Beispiel:

Aktion	Priorität 1	Priorität 2	delegiert an:
Strategische Anpassung Ideen		x	Max
Anpassung Marketingauftritt	x		Max
neue Marketinginstrumente		x	Meike
Verträge	x		Rudi
Personalentwicklung für Mitarbeiter		x	Max
Kundenbetreuung	x		alle
Medienkontakt		x	Meiki
Betreuung Geschäftspartner	x	x	Rudi
Durchführung Veranstaltungen	x		Maria
Entwicklung Veranstaltungsideen		x	Max
Verwaltung (Steuerberater, Post, Dringendes)	x		Max
Vollmachten (Bank, Post, etc.)	x		Thomas
Buchhaltung, Rechnungen, laufend und monatlich	x		Maria
Interne Weihnachtsfeier		x	Max

Gestalten Sie in Ihrem beruflichen Umfeld auch eine professionelle Kommunikation. Weil viele Menschen mit einer solch überraschenden Nachricht überfordert sind, ist es sinnvoll eine gezielte Kommunikationsstrategie zuerst für sich selbst zu formulieren:

- Wenn Sie <u>Angestellter</u> sind, sollten zuerst der direkte Vorgesetzte und die Personalabteilung informiert werden.
- Bei <u>Selbstständigen und Unternehmern</u> sind die ersten zu informierenden Personen die eigenen Mitarbeiter und die wichtigsten internen Partner. In einem zweiten Schritt sind die Kollegen und ein enger, zuverlässiger Kundenstamm an der Reihe. Gerade bei Kunden ist einzeln zu überprüfen, wen man informiert und wen nicht. Die Bekanntgabe der Erkrankung kann bei manchen als unkalkulierbares Risiko verstanden werden und der Kunde wendet sich vorsichtshalber einem Konkurrenten zu. Eine sorgfältige Abwägung ist hier geboten. Um zu vermeiden, dass der Kundenstamm in Panik ausbricht, empfiehlt es sich von Anfang an einen alternativen Ansprechpartner zu benennen und/ oder bekannt zu geben in welchem Umfang man auch weiterhin erreichbar sein wird. So wissen die Kunden von Anfang an, dass das Geschäft weiterlaufen wird und kein Grund zur Sorge besteht. Dasselbe gilt natürlich auch, wenn Sie

Angestellter mit einem festen Kundenstamm sind. Nur sollten Sie in diesem Fall mit Ihrem Vorgesetzten besprechen, wer übergangsweise als Ansprechpartner in Frage kommt.

Die Reihenfolge, in welcher die verschiedenen Personengruppen informiert werden, kann durchaus sehr wichtig sein. Menschen, denen Sie nahestehen, sollen nicht durch Informationen von außen oder gar von Gerüchten überrascht bzw. irritiert werden. Es gilt, eine einheitliche Wortwahl zu kommunizieren, die wenig Platz für Spekulationen lässt. Die gewählten Formulierungen sollen durchaus auch Zuversicht beinhalten, damit die Menschen nicht in Ängste verfallen und man Sie außerdem nicht voreilig beruflich fallen lässt.

- Bei <u>Menschen des öffentlichen Lebens</u> ist es zweckmäßig, so früh wie möglich eine offizielle Mitteilung herauszugeben. Auch hier gilt es die richtige Wortwahl zu treffen und möglichst große Offenheit an den Tag zu legen. Der Platz für schädliche Spekulationen soll auf jeden Fall minimiert werden.

Sind das private und das berufliche Umfeld informiert, ist meist die Wahl der medizinischen Behandlungsmethode ein drängender Punkt. Die **Wahl einer Behandlung** ist keine leichte Entscheidung. Sie müssen aus einer Vielzahl von Möglichkeiten das Richtige auswählen. Und es gibt viele Spezialisten, die von sich behaupten wollen, genau den richtigen Weg zur Genesung zu kennen.

Der Gedankenprozess beginnt mit der grundlegenden Frage: klassische Schulmedizin oder alternative Herangehensweisen? Nach unserer Meinung und Erfahrung ist die Schulmedizin als lebensrettende Erstmaßnahme unumgänglich und sollte auch im weiteren Prozess Priorität haben. Jedoch kann es durchaus ratsam sein, Schulmedizin durch Komplementärmaßnahmen zu ergänzen. Auch hier gibt es die verschiedensten Anknüpfungspunkte und ein reichhaltiges, interessantes Angebot. Als Beispiel kann hier das Krankenhaus für Naturheilweisen in München genannt werden. Die Philosophie dieser Klinik ist es, Schuldmedizin durch Naturheilverfahren und Homöopathie zu ergänzen. Außerdem geschieht dies auf eine professionelle Art und Weise und Sie laufen nicht Gefahr in dieser schweren Zeit auch noch auf einen „Quacksalber" hereinzufallen (http://www.krankenhaus-naturheilweisen.de/).

Bei der Wahl der Ärzte ist es sinnvoll, sich nicht nur danach zu richten, wer fachlich geeignet wäre, sondern auch auf das eigene Bauchgefühl zu hören. Gerade in diesem Prozess ist das Vertrauen zu dem Menschen, der Sie behandelt, sehr wichtig. Ein „Ärzte-Hopping" kostet nur unnötig Zeit und Kraft. Es ist jedoch sehr sinnvoll, sich neben der Meinung des behandelnden Arztes eine kompetente Zweitmeinung eines weiteren Experten einzuholen. Gerade bei Krebserkrankungen, Operationen an Knochen oder inneren Organen sowie bei Herzoperationen ist eine professionelle Zweitmeinung von Vorteil. Dieser

Fachmann soll Ihren Genesungsprozess langfristig in beratender Form mitbegleiten. Es handelt sich bei einer Zweitmeinung nicht um eine Kontrolle des erstbehandelnden Arztes, sondern vielmehr um eine allumfassende Analyse. Das GKV-Versorgungsstärkungsgesetz schreibt den Anspruch auf eine ärztliche Zweitmeinung sogar ausdrücklich fest. Es bedarf hierbei keiner Überweisung zum Facharzt und man hat freie Arztwahl.

Eine andere Herangehensweise: Verwendung bewährter Projekttechniken in der Krankheit

Auch wenn es auf den ersten Blick zunächst nicht naheliegend erscheint: warum sollte man nicht bewährte Instrumente aus dem beruflichen Leben in einer Krankheitsphase verwenden? Denn es gibt durchaus Parallelen. Es gibt einen zeitlichen Ablauf, verschiedene Akteure, unterschiedliche Handlungsmöglichkeiten und vor allen Dingen muss man sich einen Überblick verschaffen und die eigenen Gedanken ordnen. Deshalb macht es Sinn, Methoden aus dem Projektmanagement, die man aus seinem Alltag kennt und beherrscht, auch in diesem privaten Kontext einzusetzen. Im Folgenden soll auf die einzelnen Aspekte eingegangen werden:

Zeitlicher Ablauf jede Krankheit beginnt mit einer Erstdiagnose und setzt sich dann in Stadien, wie zum Beispiel den einzelnen Behandlungsschritten, fort. Führt man sich die jeweiligen Abschnitte vor Augen, kann dies helfen, sich zu überlegen, was in den einzelnen Phasen notwendig sein wird und die eigenen Gedanken lassen sich leichter sortieren. Manch einer findet es dann auch leichter, sich auf das Wesentliche – also den aktuellen Abschnitt der Erkrankung – zu konzentrieren.

Akteure es gibt eine Vielzahl verschiedener Teilnehmern in diesem Projekt, die letztendlich vom Projektleiter gesteuert werden müssen. Der Projektleiter ist der Patient, auch wenn er diese Aufgabe gerne aus den Händen geben würde, ist er doch für die Entscheidungsfindungen in diesem Projekt und die Koordination der Akteure verantwortlich. Die weiteren Akteure sind zum einen das gesamte medizinische Team (Ärzte, Pflegepersonal, Therapeuten etc.) sowie begleitende Institutionen wie z.B. Versicherungen, Behörden, Arbeitgeber, Kollegen und Kunden. Von enormer Wichtigkeit ist außerdem die Gruppe der nahen Menschen, welche ebenfalls durch Ihre Erkrankung direkt betroffen sind: Familienmitglieder, Partner und enge Freunde.

Handlungsmöglichkeiten unserer Gesellschaft bietet auf dem Gesundheitssektor die vielfältigsten Behandlungsmöglichkeiten, die es zu ordnen und zu bewerten gilt. Schon alleine die Möglichkeiten, die die Schulmedizin zur Verfügung stellt sind so umfassend, dass man kaum den Überblick behält. Und wenn man ein Anhänger der Komplementärmedizin ist, gehen die Möglichkeiten ins schier Unermessliche. Ähnlich wie in einem Projekt muss man sich also zunächst vor Augen führen, welche Möglichkeiten infrage kommen, ob und welche Alternativen es gibt. Gemeinsam mit seinem „Team" wägt man die Vor- und Nachteile der jeweiligen Optionen ab und entscheidet sich dann für die Möglichkeit, die am meisten Erfolg verspricht.

Sich seine Krankheit als ein zu managendes Projekt vorzustellen, kann also durchaus sehr hilfreich sein und eine vertraute Stütze darstellen. Denn wie man sieht, ist ein Krankheitsfall ein komplexer Prozess mit vielen Faktoren und Variablen. Diesen richtig zu erfassen, ist wichtig für den Erfolg der Genesung. Und es bietet sich an, die Instrumente dafür zu verwenden, die man im Beruf bereits erfolgreich eingesetzt hat.

▶ Tipp: überlegen Sie, welche Instrumente Sie gut beherrschen und wie Sie diese für Ihren Krankheitsprozess modifizieren und einsetzen können. Wenn Sie keines dieser Instrumente für geeignet halten oder selbst keines kennen, überprüfen Sie, ob das sogenannte „Mind Mapping" für Ihre Zwecke geeignet erscheint.

Mind Map

Diese Technik ist eine Entwicklung des britischen Psychologen Tony Buzan. Es handelt sich hierbei um eine kognitive Technik, deren visuelle Darstellungsweise hilft, komplexe Abläufe besser zu erfassen und eine übersichtliche Planung ermöglicht. Oft wird „Mind Map" auch für Mitschriften verwendet. Die deutsche Übersetzung „Gedanken-Landkarte" ist sehr zutreffend. Denn die „Mind Map" wird auf einem zunächst blanken, leeren Papier skizziert. Der zentrale Gedanke wird in die Mitte gesetzt und um dieses zentrale Thema herum werden die dazugehörigen Unterthemen klassifiziert. Zwischen all diesen Themen können Querverbindungen und Relationen gebildet werden. Diese Grafik verhilft zu einem sehr guten Überblick und zeigt auf, welche Möglichkeiten und Alternativen vorhanden bestehen. Wenn es einem eher nicht liegt, ein Papier zu befüllen, kann man auch eine Reihe hierfür entwickelter Computerprogramme nutzen (https://de.wikipedia.org/wiki/Mind-Map).

Die Zeit vor der Operation 3

Bei vielen Erkrankungen ist ein operativer Eingriff unumgänglich. Doch gerade, wenn die Diagnose überraschend kam bleibt oftmals keine Zeit, sich gezielt darauf vorzubereiten und alle nötigen Schritte in die Wege zu leiten. Wenn es ganz schnell gehen muss und falls man selbst noch in der Lage ist zu entscheiden, sollte man versuchen, den Medizinern in solch einem Fall zu vertrauen, ihrem Rat zu folgen und sich getrost in ihre Hände zu begeben. Die Fachleute werden alles tun, um die bestmögliche Behandlung zu gewährleisten.

Manchmal hat man jedoch das Glück, dass bis zur Operation noch genügend Zeit zur Verfügung steht, um das eine oder andere in die Wege zu leiten. Dann sollte man diese wertvolle Zeit für Organisatorisches und persönlich Wichtiges nutzen und gezielt alle notwendigen Schritte vorbereiten.

Die schwierigste und vielleicht unangenehmste Aufgabe: mit dem Partner und der Familie offen und unverblümt zu besprechen, was geschehen soll, falls man die Operation nicht überlebt. Neben allen persönlichen und emotionalen Gedanken ist ein klarer Faktencheck von großer Bedeutung und dafür ist der Patient der bestgeeignete Wortführer und Diskussionsleiter. Denn wenn er sich im Griff hat, dann ist die Wahrscheinlichkeit groß, dass ihm seine Angehörigen auch folgen werden und das Gespräch nicht zu sehr ins Emotionale abdriftet. Falls die weiter oben bereits erwähnte Patientenverfügung und die Vorsorgevollmacht noch nicht ausreichend thematisiert wurden, dann ist dies jetzt sowohl ein aktueller Anlass als auch ein guter Zeitpunkt dies zu besprechen. Ebenso ist es sinnvoll, das Testament nochmals gewissenhaft auf Aktualität und Vollständigkeit zu überprüfen sowie eventuelle Unklarheiten zu beseitigen. Jeder Mensch muss sich bewusst darüber sein, dass er eine gewisse Verantwortung auch über seinen Tod hinaus hat. Man kann den Menschen, die einen im Leben begleitet haben, kein Chaos zurücklassen. Vielmehr sollte man versuchen, alles so zu hinterlassen, dass die Angehörigen nicht zusätzlich zur Trauer mit organisatorischen Schwierigkeiten zu kämpfen haben.

© Springer Fachmedien Wiesbaden 2016   11
M. Faber und T. Badalec, *Krankheit als Projekt angehen,* essentials,
DOI 10.1007/978-3-658-15464-6_3

Wenn noch genügend Zeit zur Verfügung steht, sollte man überprüfen, dass alle laufenden Projekte und Aufgaben, an denen man beruflich oder privat gerade arbeitet, in einem guten und übersichtlichen Zustand übergeben werden bzw. eine geeignete Person über den aktuellen Stand und weitere Planungen informiert wird. Auch hier gilt es, seine Weggefährten nicht im Stich zu lassen und die neue, für alle schwierige Situation etwas abzumildern. Man muss jedoch keine allzu große „Nummer" daraus machen, sondern geht knapp und strukturiert vor. Solch eine Übergabe kann unter Umständen auch relativ schnell telefonisch erledigt werden. Denn die verbleibende Zeit und Kraft gilt es ab sofort sinnvoll einzuteilen und sich nicht selbst zu überfordern.

Ein weiterer Aspekt ist, wie tief man in die medizinische Thematik einsteigen möchte. Wie viel der Einzelne von der Operation verstehen will und vielleicht auch in der momentanen Situation überhaupt verstehen kann, ist sehr individuell. Auch wenn dies gerade für Fach- und Führungskräfte oft nicht so einfach ist: manchmal ist es das Beste, sich im Vertrauen und im Loslassen zu üben. Wenn jedoch der individuelle Weg derjenige ist, alles umfassend verstehen zu wollen, stehen Ihnen die Ärzte dafür zur Verfügung. Weil aber gerade Ärzte einer enormen Arbeitsbelastung unterliegen, werden sie meist nicht aus eigener Initiative zu sehr in die Tiefe gehen. Deshalb ist es sinnvoll, den Arzt durch gezielte Fragen zu leiten und mit ihm gemeinsam auf diese Weise die für den Patienten fremde Materie zu erschließen. An anderer Stelle dieses Buches wird noch eingehend auf die Informationsbeschaffung eingegangen. Aber ein Punkt soll bereits hier erwähnt werden, weil er bei dieser Thematik von enormer Wichtigkeit ist: das Internet ist für Fragestellungen rund um die Diagnose etc. weder das beste noch das seriöseste Informationsmedium. Es sollte nur mit Vorsicht und Skepsis verwendet werden.

Eine bevorstehende Operation verursacht immer Ängste und Unbehagen. Die Angst vor dem Tod, die Angst seine Partner, Familie und auch sein Werk zurückzulassen oder einfach die Angst, was einen nach der Operation erwartet und ob man mit den möglichen Folgen noch ein menschenwürdiges Leben führen kann. Das ist völlig normal und es gibt wohl keinen Menschen, der in solch einer Situation nicht hin und wieder die Kontenance verliert. Schließlich geht es um die eigene Existenz. Eine Methode, die gerade von Fach- und Führungskräften gern angewendet wird, ist mit den Ängsten alleine klar zu kommen und zu versuchen, für sich selbst eine Lösung zu finden. Das ist in solch einer Ausnahmesituation jedoch keine gute Idee: versuchen Sie nicht, diese Ängste alleine zu bewältigen, auch wenn Sie im bisherigen Leben eher der „Fels in der Brandung" oder der Problemlöser waren. Auch wenn man meint, es würde schon irgendwie funktionieren, hält man dies nicht durch den ganzen Prozess hindurch aus. Und solch ein

Prozess kann sehr langwierig und mit vielen Rückschlägen verbunden sein. Deswegen ist es wichtig, sich im Klaren zu sein was auf einen zukommt und sich von den alten Mustern der „gespielten Stärke" abzuwenden. Auch wenn diese Muster bislang immer gut funktioniert haben. Spätestens in solch einer lebensbedrohlichen Situation kann man nicht mit allem alleine fertig werden – und muss das auch nicht! Deshalb machen Sie es sich nicht unnötig schwer und nehmen Sie den Zuspruch und den Halt, den Ihnen Freunde und Familie geben können, an.

▶ Tipp: betrachten Sie Ihre Ängste ganz genau und suchen Sie sich für Ihre Ängste Ihre ganz individuelle Bewältigungsstrategie. Wenn Sie das am besten gemeinsam mit Ihren Angehörigen können, sprechen Sie sie aktiv an. Oft kann es auch ein guter Freund sein, der am besten für diese Aufgabe geeignet ist. Wenn Sie aber lieber jemand Externen bevorzugen, der Sie persönlich gar nicht kennt und Ihre Situation aus „neutraler Position" bewerten soll, dann gehen Sie diesen Weg. In jedem Krankenhaus gibt es für diese Zwecke speziell ausgebildete Menschen. Auch Ärzte können hierfür Empfehlungen aussprechen und vermitteln. Gerade in Krankenhäusern kommen solche Seelsorger sogar ans Bett und bieten unaufdringlich und unverbindlich ihre Hilfe an. Probieren Sie es doch einfach aus! Sie können jederzeit wieder einen anderen Weg wählen. Eine weitere Möglichkeit wäre, von einer Ihnen vertrauten Person eine Empfehlung zu bekommen. Gerade dies kann sehr zielführend und erfolgsversprechend sein, denn der Empfehlende kennt beide Parteien und kann somit gut einschätzen, wer für diesen Zweck gut zusammenpasst. Der Vollständigkeit halber sei hier auch die Möglichkeit der Informationsbeschaffung über das Internet erwähnt. Davon kann jedoch eher abgeraten werden, weil gerade die Passgenauigkeit der Gesprächspartner für solch einen Prozess wichtig ist und dieses das anonyme Internet in der Regel nicht gewährleisten kann.

Gerade in solch einer schwierigen und anspruchsvollen Zeit wird das Thema der Endlichkeit des eigenen Lebens sehr bewusst. Sich plötzlich damit auseinanderzusetzen, fällt den meisten Menschen schwer, weil dies in unserer auf Erfolg programmierten Gesellschaft und in unserer modernen Zeit, welche die Ausschöpfung aller Möglichkeiten der Welt suggeriert, keinen gebührenden Platz hat. Eigentlich schade, denn die Endlichkeit ist das einzige, was garantiert eintreten wird. Wenn auch zu unterschiedlichen Zeitpunkten und in unterschiedlichem Alter. Aber was das Sterben eigentlich bedeutet und wie es sich dann anfühlt, wenn es tatsächlich so weit ist, kann man nur erahnen. Wird es zum Beispiel mit großen Schmerzen verbunden sein? Und wie stark kann man in diesem Moment noch sein? Deswegen hier ein kleiner Exkurs zum Thema Nahtoderfahrung, die einer der Autoren während seiner akuten Krankheitsphase selbst gemacht hat. Diese Erfahrung kann helfen, die Angst vor dem eigenen Tod etwas zu mildern.

> Das Erlebnis ist im Grunde ein wunderbares Gefühl. Es gibt zunächst eine Phase des Schmerzes, der Angst und der Ungewissheit. Doch dann findet der Körper sich damit ab und lässt davon los. Man gleitet dabei wie durch einen Sog behutsam in einen hellen, warmen und freundlichen Raum. Sämtliche Schmerzen sind plötzlich verschwunden. Man genießt die Situation sehr und nur mit dem eigenen Willen kann man dagegen ankämpfen, wenn man weiterleben möchte. Diese Erfahrung hat mir sehr geholfen, anders, gelassener und selbstverständlicher mit dem Thema Tod umzugehen. Die Angst vor dem Sterben konnte sehr verringert werden.

Doch wenden wir uns wieder dem Thema Genesung zu. Neben der hervorragenden medizinischen Versorgung, die uns hierzulande geboten wird, kann man selbst einiges dafür unternehmen, um den Genesungsprozess zu unterstützen. Man muss sich aber vorstellen, dass man es hier mit einem „Projekt" zu hat, für das man zumindest am Anfang selbst keine Erfahrung hat. Und dieses „Projekt" ist sehr komplex, mit vielen unbekannten Variablen, womöglich nur unzureichenden Informationen und zu kurzen Entscheidungszeiten. Eigentlich alles bekannt aus dem Berufsalltag. Trotzdem ist es anders. Denn es ist vermutlich das persönlichste „Projekt", welches man je erleben wird. Deswegen sind wir der Meinung, dass es gerade in solch einer Phase sehr wichtig ist, mit positivem Denken zu arbeiten. Es hilft einfach, diese hochemotionale Situation besser in den Griff zu bekommen und macht es leichter, seine Entscheidungen spontan zu treffen. Gerade wenn eine schwierige Behandlung oder eine anstrengende Operation bevorsteht, ist eine gewisse Unverkrampftheit förderlich. Auch hierfür gibt es eine Vielzahl von medizinischen Studien, in welchen bei positiver Einstellung der Patienten eine höhere Genesungsrate und Überlebenswahrscheinlichkeit belegt werden kann.

Positives Denken ist selbst unter normalen Umständen nicht immer leicht. Viele Menschen tendieren dazu, sich von negativen Gedanken beeinflussen zu lassen und müssen einiges an Willenskraft aufbringen, um dann ihre Gedanken wieder in positive Bahnen zu lenken. Während einer schweren Krankheit ist dies natürlich wesentlich schwerer. Denn es bedarf hierfür einer starken Grundeinstellung. Ausgerechnet jetzt sich ein positives Denken anzutrainieren, ist sicherlich nicht einfach, aber durchaus möglich. Der Schlüssel hierfür ist, sich selbst achtsam zu betrachten, seine Einstellung und Art des Denkens zu überprüfen und entsprechend zu reagieren, wenn die Emotionen wieder in eine schädliche Richtung abdriften. Auch wenn der eine oder andere negative Gedanke nachvollziehbar ist, förderlich ist er in keinem Fall. Weil diese Thematik einen hohen Stellenwert hat, wird das Thema Achtsamkeit an anderer Stelle dieses Ratgebers genauer betrachtet. Aber vielleicht hilft alleine schon der beruhigende Gedanke, dass man gerade in Deutschland in solch einer schwierigen gesundheitlichen Situation bestens aufgehoben ist und dass alles Mögliche zur Gesundheitserhaltung getan wird. Denn wir haben hierzulande eines der besten, hoch entwickelten Gesundheitssysteme der Welt, das sogar für jedermann zugänglich ist. Eine Situation, wie es sie nur in sehr wenigen Ländern auf dieser Welt gibt. Wie viel Prozent der Weltbevölkerung hat das Glück diese Qualität in Anspruch nehmen zu können?

Checkliste: vor der Operation

- Wenn keine Zeit mehr vorhanden ist, dann verlieren Sie auch keine Zeit, sondern gehen Sie das Thema „Operation" ohne Verzögerung an
- Wenn es nötig ist, entscheiden Sie spontan und mit Vertrauen in Ihre Ärzte
- Entscheiden Sie selbst, wie tief sie in die medizinische Materie eintreten möchten
- Wenn noch Zeit da ist, nutzen sie diese konstruktiv
- Klären Sie offene Fragen mit Familie und Partner
- Wenn möglich, informieren Sie Ihre Kollegen und Partner über Ihre Aufgaben und Projekte
- Holen Sie sich Hilfe, um die Situation mental gut zu bewältigen
- Ergänzen Sie die medizinische Fürsorge mit begleitenden, eigenen Anstrengungen
- Schreiben Sie sich eine Packliste mit all den Dingen, die Sie im Krankenhaus unbedingt dabeihaben wollen
- Informieren Sie Freunde, Familie und Kollegen ob – und in welchem Ausmaß – Sie sich Besuch wünschen

Im Krankenhaus

4

Das Krankenhaus ist ein für den Genesungsprozess ein sehr entscheidender Ort, in welchem man allerdings auch sehr viel falsch machen kann. Außerdem ist es ein Ort, der für die meisten sehr unübersichtlich und abstrakt wirkt und mit Ängsten verbunden ist. Keiner geht gern in ein Krankenhaus, nicht als Besucher und schon gar nicht als Patient. Sich jedoch an solch einem Ort richtig und klug zu verhalten, lenkt den Prozess in die richtigen Bahnen und kann den Genesungsprozess unterstützen. Aber dafür ist es wichtig, diesen Platz als Ganzes zu erfassen und das geschieht am besten über die dort agierenden Menschen. Deswegen werden im Folgenden die Rolle des Patienten sowie die Rollen der anderen Beteiligten genauer betrachtet.

4.1 Der Patient

Beginnen wir mit der Hauptperson: Sie, der Patient! Für viele Patienten ist die Krankheit bis zu dem Zeitpunkt, wo es tatsächlich ins Krankenhaus geht, immer noch nicht richtig greifbar. Zu einfach ist es, in alten Denk- und Verhaltensmustern hängen zu bleiben und das Neue, Unbekannte lieber zu verdrängen. Spätestens jetzt geht es aber darum zu verstehen, dass die Krankheit eine bedrohliche Situation darstellt und der Genesungsprozess oberste Priorität hat. Auch wenn man gerade noch gern das laufende Arbeitsprojekt bis zu einem geeigneten Punkt selbst weiterführen möchte – oft ist es nicht möglich und wenn doch weitergearbeitet wird, dann in der Regel auf Kosten der verbliebenen Ressourcen. Damit muss man sich arrangieren und wohl oder übel abfinden. Die Welt wird sich trotzdem weiterdrehen und nun eröffnet sich sogar eine gute Möglichkeit zu sehen, wie es ohne einen funktioniert. Vielleicht ergeben sich im Nachhinein dadurch ja

© Springer Fachmedien Wiesbaden 2016
M. Faber und T. Badalec, *Krankheit als Projekt angehen*, essentials,
DOI 10.1007/978-3-658-15464-6_4

sogar völlig neue Wege und Perspektiven. Oftmals gehen die Menschen gestärkt und mit einer ganz neuen Weltanschauung aus solch einer Situation heraus. Man kann dies auch als einen „sekundären Krankheitsgewinn" betrachten.

Ein Krankenbett ist grundsätzlich kein Arbeitsplatz, obwohl manche Patienten ihn gerne so einrichten würden. Eine der ersten gestellten Fragen ist meist die nach einer Internetanbindung. Das Krankenbett soll jedoch genau das Gegenteil sein. Es sollte ein Ort sein, an dem Sie als Privatperson das einzige sind was zählt. Delegieren Sie daher möglichst viele, im Idealfall sogar alle Aufgaben. Denn wer sich vom Krankenbett aus um alles selbst kümmern möchte, kann sich nicht auf die jetzt wirklich wichtigen Dinge konzentrieren. Hier ist es entscheidend, ganz ehrlich zu sich selbst zu sein und auszuwählen, welche Dinge wirklich unbedingt persönlich erledigt werden müssen. Das kann für viele Menschen ein großes Problem darstellen. Man hält sich einfach noch für unentbehrlich und traut anderen nicht zu, es ebenso gut zu machen, wie man es selbst könnte. Aber irgendwann im Laufe eines Berufslebens wird ohnehin der Zeitpunkt kommen, an welchem man loslassen muss. Solch eine entscheidende Situation wie eine schwere Krankheit ist hierfür eine gute Übung oder ein gut geeigneter Zeitpunkt. Der dadurch entstehende Gewinn fördert in jedem Fall die Genesung und sichert vielleicht sogar das Überleben.

Deswegen ist es sehr wichtig, sich rechtzeitig mit dem Thema Delegation auseinandergesetzt zu haben. Am besten nicht erst zu dem Zeitpunkt, wenn der Ernstfall bereits eingetreten ist und mit „heißer Nadel" gestrickt werden muss. Dann wird es umso schwieriger. Aus diesem Grunde ist es sinnvoll, rechtzeitig folgende Überlegungen anzustellen:

- Welche Personen aus dem Umfeld können welche Aufgaben übernehmen? Einen solchen Plan zu haben, ist auch im Alltag für Urlaubsvertretungen und ähnliches sinnvoll. Man macht sich diese Arbeit also in keinem Fall umsonst
- Soll dieser Plan im Vorfeld schon abgestimmt werden oder erst im „Ernstfall", um keine falschen Schlüsse entstehen zu lassen
- Wer kann die Ausfallvertretung für die Vertretung sein?
- Welche Vollmachten sind ggf. (notariell) auszustellen?
- Auf welche Aufgaben kann kurz- und mittelfristig verzichtet werden?
- Welche Befugnisse sind zu formulieren?

Eine beispielhafte Checkliste dafür finden Sie weiter vorne in diesem Buch.

▶   Tipp: die Erreichbarkeit per Telefon und E-Mail birgt ein hohes Gefahrenpotenzial. Denn es handelt sich um Instrumente, bei welchen sehr gut alte Verhaltensmuster bedient werden. Wenn Sie Ihr Mobiltelefon am Krankenbett liegen haben, besteht die Gefahr, sich mit allerhand Unwichtigem zu beschäftigen, was zeitraubend ist und nicht zur Erholung beiträgt. Nutzen Sie eine nur für auserwählte Personen bekannte Rufnummer bzw. elektronische Adresse. Ihre Hauptnummer können Sie in dieser Zeit an eine vertraute Person umleiten oder über die Abwesenheitsnotiz entsprechende Ansprechpartner benennen, die selektiv nur wirklich notwendige Dinge an Sie durchlassen. Achten Sie darauf, dass die Informations- und Kommunikationsflut, die bereits jedem „Gesunden" im täglichen Leben zu schaffen macht, Sie nicht auch noch in der Krankenphase heimsucht.

Ein wichtiger Aspekt ist das „Management" der Besucher am Krankenbett. Ohne es zu wollen, kann man schnell von einer Vielzahl von Gästen überfallen und somit überfordert werden. Jeder kranke Mensch freut sich über Zuspruch und Wertschätzung durch Besuche und auch die Besucher selbst meinen es ganz sicher nur gut und wollen Ihnen ihre Unterstützung zeigen. Jedoch darf nicht vergessen werden, dass durch die aktuelle Erkrankung sehr viel weniger Energie zur Verfügung steht, als man es aus seinen alten Verhaltensmustern gewohnt ist und man merkt es meist erst dann, wenn man sich bereits überfordert hat – also einfach zu spät. Welches Maß an Besuchen Sie vertragen, entscheiden Ihre Ärzte. Welche Personen Sie jedoch im Nachthemd im Bett liegend vorfinden dürfen, das entscheiden nur Sie. Seinen Sie deshalb offen und ehrlich zu Ihren Mitmenschen und kommunizieren Sie es auch dann, wenn Sie von jemandem keinen Besuch wünschen.

Zum Thema Krankenbesuch gibt es auch eine ganz einfache zeitliche Komponente. Man muss sich nur vor Augen halten, dass zwischen Behandlungen, Visiten, Mahlzeiten, usw. gar nicht so viel Zeit für Besuche verbleibt. Außerdem soll auch noch Zeit bleiben um über die neue Lebenssituation und die weitere Gestaltung des Genesungsprozesses nachzudenken. Diese Gedanken sollten nicht durch weniger wichtige Aktivitäten überlagert oder gar verhindert werden.

Checkliste für Besuche am Krankenbett

- Seien Sie sich bewusst, dass Ihre Kraft nicht in dem üblichen Maße vorhanden ist
- Fangen Sie langsam an. Am Anfang genügen kurze Besuche – 15 min
- Lernen Sie „Nein" zu sagen, auch wenn Ihre Besucher es mit Ihnen gut meinen

- Kommunizieren Sie an Ihre Firma, wie viel Besuch Sie vertragen – und ob Sie überhaupt jemanden aus dem Unternehmen sehen wollen. Falls nicht, können Sie das durchaus durch Ihren Vorgesetzten oder einen Kollegen, mit dem Sie sich gut verstehen, kommunizieren lassen
- Führen Sie ggf. eine Besucherliste, um den Überblick zu behalten, zu priorisieren und sich selbst nicht zu überfordern
- Wenn Ihnen auch im Nachhinein auffällt, dass es Ihnen zu viel wird, sagen Sie Besuche gegebenenfalls auch kurzfristig ab
- Genießen Sie die Ruhe und den „unproduktiven Leerlauf", auch wenn es Ihrem bisherigen Verhaltensmuster möglicherweise widerspricht. Es handelt sich nicht um verlorene, sondern um gewonnene Zeit!
- Nehmen Sie Rücksicht auf andere Mitpatienten. Zuviel „Parteienverkehr" im Krankenzimmer stört nicht nur die Ruhe und somit den Genesungsprozess, sondern erhöht auch die Gefahr der Einbringung von Keimen

4.2 Kommunikation und Umgang mit Ärzten

Gerade im Krankenhaus ist die Kommunikation mit Ärzten ein sehr wichtiger Punkt, weil durch eine zielgerichtete Kommunikation Weichen gestellt werden, die für die Genesung enorm wichtig sind. Wie in fast allen medizinischen Berufen ist die Arbeitsbelastung der Ärzte sehr groß. Deswegen muss man die Kommunikation mit seinem Arzt gut planen und die Zusammenarbeit effektiv gestalten.

Eine konstruktive und vertrauensvolle Zusammenarbeit zwischen Arzt und Patient ist einer der wichtigsten Bausteine für eine optimale Genesung. Steht sie jedoch auf keiner guten Basis, kann die Gesundung dadurch sogar erschwert werden. Es ist sinnvoll, Ärzte und Patienten wie in einem Unternehmen als „Erfolgsteam" zu sehen, das nur durch eine partnerschaftliche Zusammenarbeit die bestmöglichen Ergebnisse erzielen kann. Wie in einem Unternehmen gelten auch hier die üblichen Kriterien und Spielregeln für die Zusammenstellung von Teams, deren Zusammenarbeit, das gegenseitige partnerschaftliche Führen und dadurch die Förderung individueller Stärken und Reduktion der Auswirkungen von Schwächen. Es gilt also, den Arzt zu motivieren, durch dessen Fachwissen das bestmögliche Ergebnis zu liefern. Neben der gezielten Motivation ist auch die aktive Mitarbeit des Patienten wichtig. Der Arzt muss mit allen notwendigen Fakten versorgt sein und der Patient muss sich an die Vereinbarungen der Behandlung halten.

Ebenso entscheidend für einen gezielten und erfolgsversprechenden Umgang mit seinen Ärzten ist sich klar zu machen, in welchem Arbeitsumfeld und unter welcher Belastung der Arzt sich täglich befindet. Ihn erwartet jeden Tag sehr viel Arbeit, die zu jeder Minute seine uneingeschränkte Konzentration verlangt, verbunden mit oft dramatischen menschlichen Schicksalen. Und der Arzt befindet sich häufig in einem Alarmmodus, der eine enorme körperliche und geistige Beanspruchung bedeutet. Als Beispiel sei die Notoperation eines der Autoren erwähnt: obwohl der Chirurg schon den ganzen Tag hoch konzentriert operiert hatte, musste er abends um 20 Uhr nochmals notoperieren, weil sonst keine Rettung mehr möglich gewesen wäre. Die Operation war erst um 5 Uhr morgens beendet. Um 9 Uhr morgens traten Komplikationen auf und genau dieser Chirurg war wieder zur Stelle, um einzugreifen. Es handelte sich hierbei nicht um eine Routineoperation, sondern um einen Eingriff an der Wirbelsäule, um eine Querschnittslähmung kurzfristig rückgängig zu machen und dem Patienten das Laufen wieder zu ermöglichen. Man kann sich vorstellen, welche enorme körperliche und mentale Arbeitsleistung zu erbringen war.

Ärzte wirken auf den ersten Blick nicht besonders emotional und selbst bei niederschmetternden Diagnosen bleiben sie sachlich kühl. Dies ist jedoch nicht als Gleichgültigkeit oder Routine zu werten, vielmehr ist dies ein persönlicher Schutzschild, um die Arbeit hervorragend machen zu können und nicht an der Aufgabe oder am Schicksal des Patienten zu zerbrechen. Es ist wichtig, sich als Patient klar zu machen, dass im Umgang mit Ärzten vorrangig Fakten und Tatsachen zählen, die emotionslos betrachtet werden sollten. Man sollte sich die unterschiedlichen Rollen der Akteure klarmachen und sich im Umgang mit dem Arzt weitestgehend auf das Rationale beschränken. Nehmen Sie es ihm also bitte nicht übel, wenn er sich emotional von Ihrem Fall distanziert – genau dieser kühle Kopf ist es, der eine bestmögliche Behandlung garantiert.

▶   Tipp: Emotionen sollten nicht bei Ärzten platziert werden. Dafür ist die Zeit zu schade und es gibt eine Vielzahl anderer Möglichkeiten, wie das Gespräch mit Vertrauten oder die Einbeziehung eines Seelsorgers. Nutzen Sie vielmehr die fachliche medizinische Kompetenz des Arztes und liefern Sie ihm für eine Diagnose alle wesentlichen Informationen: Also eine exakte Beschreibung, was sie spüren und was in Ihnen vorgeht.

Checkliste: Kommunikation mit Ärzten

- Erwarten Sie keine Emotionen
- Der Arzt ist der medizinische Fachmann

- Beschreiben Sie Ihr Anliegen so prägnant wie möglich
- Beschränken Sie sich auf Fakten und Tatsachen
- Vermeiden Sie Emotionen
- Bereiten Sie sich vor jedem Gespräch schriftlich vor, wenn Ihnen das hilft, Ihre Gedanken zu sortieren
- Gehen Sie in den konstruktiven Dialog
- Fördern Sie Ihren Fachmann mit aktiver Mitarbeit
- Halten Sie sich an Vereinbarungen
- Berichten Sie dem Arzt über Erfolgserlebnisse oder eventuelle Rückschläge

4.3   Umgang mit Klinikpersonal

Die Schlüsselrolle der Krankenpfleger wird leider manchmal unterschätzt, ist jedoch vergleichbar mit der Macht der „guten Geister" in den Chefetagen, nämlich von Sekretärinnen und Assistenten. Gerade diese Berufsgruppe kann sehr wichtig für den Genesungsprozess sein und kann innerhalb ihres Spielraumes vieles bewirken und den Klinikaufenthalt angenehm gestalten. Wichtig ist zu verstehen, dass man im Krankenbett ein Patient von vielen ist, die betreut werden müssen. Die fleißigen Helfer können einem das Leben in dieser Situation sehr erleichtern, aber auch erschweren, wenn Dinge vergessen werden oder für bestimmt Sachen einfach keine Zeit verbleibt. Man sollte sich vor Augen halten, mit welcher Arbeitsbelastung diese Menschen zu tun haben. Gerade die langen Arbeitszeiten sowie der Schichtdienst bedeuten eine hohe Herausforderung. Auch die zu tragende Verantwortung wirkt belastend, denn schon ein kleiner Fehler kann weitreichende Konsequenzen haben. Des Weiteren kommt noch die emotionale Komponente hinzu. Denn hinter dem Pflegepersonal stecken Menschen, denen die persönlichen Schicksale, die sie jeden Tag erleben, ebenfalls zu schaffen machen und es bedarf manchmal großer Anstrengung, die verschiedenen Schicksale nicht an sich heranzulassen. Im Folgenden finden Sie eine kleine Zusammenfassung mit einigen Verhaltensempfehlungen zu Pflegepersonal.

Checkliste Umgang mit Klinikpersonal

- Klinikmitarbeiter sind kein „Dienstpersonal", sondern meist sehr engagierte, hilfsbereite und darüber hinaus sehr effektiv arbeitende Menschen. Sie können das Klinikpersonal durch Motivation und behutsame „Führung" für sich gewinnen

- Praktizieren Sie eine freundliche und wertschätzende Kommunikation, auch wenn es wegen Schmerzen, Ängsten, usw. manchmal schwerfällt
- Verhalten Sie sich stets kooperativ, soweit es Ihnen physisch möglich ist. Dann erzielen Sie ein gutes „Gesamtergebnis"
- Zeigen Sie Verständnis und Geduld, wenn etwas auf Anhieb nicht klappt. Beim nächsten Mal funktioniert es umso besser
- Treten Sie ein Stück zurück und seien Sie nicht fordernd, wenn Ihr momentanes Anliegen gerade nicht so wichtig und die Zeit knapp ist. Dann sind Sie beim nächsten Mal wieder vorne dran
- Werden Sie gezielt dann deutlich, wenn Sie ein dringendes Anliegen haben. In der Hektik des Krankenhausalltags können wichtige Dinge auch übersehen oder vergessen werden
- Wählen Sie situativ die richtige Kommunikation und den richtigen „Führungsstil"

Abschließend soll noch erwähnt werden, dass diese Verhaltensempfehlungen nicht nur für das Pflegepersonal in Kliniken gilt. Es gibt eine Reihe von anderen Berufsgruppen in diesen Häusern, für die oben beschriebenes auch gilt und die auch einen Beitrag für den Patienten leisten (z. B. solche Berufe wie die „Bettenschieber", welche die Patienten im Krankenhaus von A nach B bringen).

4.4   Die Visite

Die Visite ist die regelmäßige Konsultation im Krankenhaus, bei welcher die behandelnden Ärzte die Patienten im Krankenzimmer besuchen. Man kann dies sehr gut mit dem regelmäßig stattfindenden Jour Fixe oder dem Management Meeting im Unternehmensalltag vergleichen. Und ebenso wie das Jour Fixe eigentlich pünktlich beginnen sollte, was aber in der Praxis nicht immer der Fall ist, so ist es auch bei der Visite: plötzlich steht der Arzt vor Ihnen und fragt, wie es Ihnen geht. Da gilt es richtig vorbereitet zu sein und dieses kurze Zeitfenster konstruktiv zu gestalten, um das Beste für sich herauszuholen. Daher ist es wichtig, sich bereits vorher darüber Gedanken gemacht zu haben und genau zu überlegen, was zu besprechen ist. Die Themen sind richtig zu strukturieren und am besten schriftlich festzuhalten, damit nichts Wichtiges vergessen wird. Diese Vorbereitung bedarf Zeit, denn zum einen muss man sich die Themen des letzten Gesprächs ansehen, Veränderungen evaluieren und die verschiedenen Bausteine für sich verständlich zusammensetzen. Und vor allem muss man dafür in sich hineinhören, wie es einem wirklich geht. Beispielsweise, wo sich Schmerzen befinden, und was sich an diesen Schmerzen oder Beschwerden verändert hat. Diese abstrakten Dinge sind in Worte zu fassen, damit man als Laie wertvolle Informationen an seinen Arzt geben kann.

Checkliste Vorbereitung Visite

- Bereiten Sie sich ausgiebig vor
- Notieren Sie sich die wichtigsten Punkte schriftlich
- Überlegen Sie, welche Punkte gerade aktuell sind und welche Punkte auf einen späteren Zeitpunkt verschoben werden können
- Verwenden Sie ggf. eine Technik um ihre Gedanken zu strukturieren, z. B. „Mind Map"
- Hören Sie in sich hinein und versuchen in Worte zu fassen, was Sie fühlen
- Lassen Sie sich die vorherige Visite nochmals durch den Kopf gehen
- Notieren Sie Veränderungen, die in der Zwischenzeit eingetreten sind

Es ist schon eine eigenartige Situation. Man liegt im Bett und schaut von unten auf einen Tross weiß gekleideter Menschen mit ernsten Gesichtern. Man fühlt sich nicht auf Augenhöhe und muss an sich arbeiten, um richtig zu agieren und diese Augenhöhe wiederherzustellen. Und auch hier gilt ganz besonders, sich vom klischeehaften Bild der „Götter in Weiß" nicht blenden zu lassen, sondern den Arzt als Partner zu sehen, mit dem man gemeinsam ein optimales Ziel erreichen kann.

Jede Branche kennt ihren speziellen „Fachjargon" und solch einer wird natürlich ganz selbstverständlich auch von Medizinern verwendet. Das ist im ersten Moment schwierig zu akzeptieren, aber wer ehrlich zu sich selbst ist, muss zugeben, dass er auch schon in einer Weise kommuniziert hat, die für Fachfremde schwer verständlich war. Es ist jedoch wichtig, dass der Patient alles versteht, um proaktiv mitarbeiten zu können. Deswegen sollte nachgefragt werden, wenn bestimmte Begriffe unklar sind. Auch wenn ein bestimmter medizinischer Begriff schon einmal erklärt wurde – diese lateinischen Wortwürmer müssen wie eine Vokabel einer komplizierten Sprache erlernt werden. Bei der Beseitigung dieser Unklarheiten sind die meisten Ärzte sehr geduldig.

▶	Tipp: Wichtig ist die individuelle Behandlung als Ganzes zu verstehen. Deswegen lassen Sie sich die Vorgehensweise so weit wie nötig erklären. Denn Sie sind Ihr eigener „Projektleiter". Sie sind derjenige, der den individuellen Erfolg am besten beurteilen kann und Sie haben die Möglichkeit, den Gesamtzusammenhang zu erfassen und einzugreifen, wenn irgendwas nicht stimmt. Bitte bedenken Sie: in Ihrem Projekt gibt es eine Vielzahl von Akteuren, die Sie koordinieren müssen und nicht immer klappt die Abstimmung untereinander automatisch.

Es können manchmal Situationen auftreten, in denen es notwendig ist, im Krankenhaus für sich zu kämpfen und vehement aufzutreten, obwohl man gerade alles andere als stark ist. Unsere Krankenhäuser sind hervorragende medizinische Einrichtungen. Jedoch sind sie eher als große „Genesungsfabriken" aufgebaut, mit teilweise für den Laien sehr undurchsichtigen Prozessen. Es geht darum, hier seinen Platz zu finden und trotz desolater Verfassung wahrnehmbar und sichtbar zu bleiben. Es geht darum, nicht vergessen zu werden. Und wenn alle partnerschaftlichen Kommunikationswege nicht zum Ziel geführt haben, gilt es auch mal konsequent auf den Tisch zu schlagen.

Ein Beispiel aus erlebter Praxis: im Laufe der Behandlung ist eine neue Diagnose entstanden. Die vertiefende Untersuchung hierfür wäre jedoch nur mit einem medizinischen Apparat möglich gewesen, welcher für die nächsten vier Wochen bereits ausgebucht war. Da es sich eine akute Situation handelte, wäre es in vier Wochen viel zu spät gewesen. Ein normaler Dialog und die Bitte um Verständnis führten zunächst nicht zum Erfolg. Erst ein vehementes und hartnäckiges Auftreten hat ermöglicht, dass dennoch ein Termin für den nächsten Tag eingeschoben werden konnte. Man sollte jedoch mit solch einer forschen Vorgehensweise jedoch sehr vorsichtig sein und diese wirklich nur in absoluten Notsituationen einsetzen.

Wenn Sie das Gefühl haben, dass ein Eingreifen notwendig ist, Sie sich selbst aber nicht in der Verfassung dafür fühlen, können Sie auch einen Verwandten bitten, sich hier für Sie einzusetzen.

4.5 Alternativen mitgestalten

Wie bereits oben beschrieben, soll die Beziehung zwischen Arzt und Patient partnerschaftlich und auf Augenhöhe stattfinden. Dabei ist es jedoch wichtig, eine klare Beziehungsstruktur zu erlangen. Oft versuchen Patienten, eine Lösung durch Einschaltung verschiedener Ärzte zu erreichen. Sie bewirken aber somit häufig nur größere Verwirrung in der eigenen Situation und begreifen die Lage noch schlechter als vorher. Deswegen sind wir der Meinung, dass man mit dem sogenannten „Ärzte-Hopping" vorsichtig umgehen sollte. Vielmehr ist es wichtig, einen Arzt oder ein Krankenhaus zu finden, dem man vertraut und wo die primäre

Behandlung ihren Platz hat. Das schließt jedoch nicht aus, noch eine Zweitmeinung von einem anderen Arzt einzuholen. Gute Ärzte haben in der Regel damit keine Probleme. Wie in Ihrem Unternehmen sollte es klar sein, wie die Strukturen aufgebaut sind und es gilt, diese auch einzuhalten. Nur dann kann ein Prozess erfolgreich sein.

▶   Tipp: vermeiden Sie „Ärzte-Hopping!". Nutzen Sie aber durchaus eine Zweitmeinung.

Vorsichtig sollte man auch bei der verlockenden Nutzung des Internets als Informationsquelle sein. Oft verwirren die unterschiedlichen Beiträge und häufig werden nur seriös anmutende Laienmeinungen veröffentlicht. Zudem ist jeder medizinische Fall sehr individuell und nicht automatisch mit anderen vergleichbar. Deswegen darf es einen nicht verwundern, dass man nach dem Studium des Internets ratloser und unsicherer ist, als vorher. Wenn das Internet für Informationszwecke genutzt werden soll, sollte man den Wahrheitsgehalt einschlägiger, oftmals leider emotional geführter „Diskussionsforen" eher vorsichtig betrachten und sich auf Webseiten seriöser Quellen bewegen. Die Meinungsbildung sollte am Ende immer mit dem behandelnden Arzt erfolgen.

Mehr und mehr etablieren sich jedoch Selbsthilfegruppen auf Grundlage des Internets. Dieses Medium hat gerade bei seltenen Krankheiten den Vorteil, dass betroffene Menschen überregional und sogar international in Kontakt treten und sich besser austauschen können. Ein Beispiel für solch eine Selbsthilfegruppe ist das Myelom-Netzwerk (www.myelom.org). Die Menschen dieser Selbsthilfegruppe beschäftigt ein seltener Krebs, bei dessen Behandlung schon große Fortschritte erzielt werden konnten. Neben dem Erfahrungsaustausch Betroffener melden sich auch Fachleute zu Wort und können Neuigkeiten vermelden. Das entscheidende hierbei: neben dem virtuellen Austausch ist auch eine persönliche Kontaktaufnahme möglich. Das Internet dient hier als „Türöffner" bzw. Einstieg und jeder kann selbst entscheiden, wie er die Informationen individuell vertiefen möchte, indem er den Gesprächspartner per E-Mail anschreibt oder sich weiter mit ihm per Telefon oder in einem persönlichen Gespräch austauscht. Es ist wichtig zu wissen, welche Menschen sich hinter den einzelnen Beiträgen verbergen. Es besteht die Möglichkeit, außerhalb der Anonymität die Informationen auf anderer Ebene für sich zu evaluieren.

Wie kann man aber seinen Arzt nun unterstützen, Alternativen aktiv mitzugestalten? Wichtig ist, alle Bausteine, die man sich in der Zwischenzeit betrachtet hat, zu bewerten und zu strukturieren. Und ebenso wichtig ist es, fortwährend eine klare, wertschätzende und vertrauensvolle Kommunikation mit dem Arzt zu führen. Er hat die Fachkompetenz und der Patient hat die Fakten und das Gefühl für seinen eigenen Körper. Durch gezieltes Hinterfragen, verbunden mit der Beschreibung der Symptome und Fakten besteht zudem die Möglichkeit, den Arzt auf neue Ideen und Behandlungsmöglichkeiten zu bringen. Wichtig ist aber die Fachkompetenz des Arztes nicht infrage zu stellen, sondern sich selbst eher als Zuträger von Informationen und Motivator für neue Ideen für seinen Arzt zu betrachten.

Die Zeit nach dem Krankenhaus

5

5.1 Umgang mit Schmerzen

Ein jeder Patient ist vermutlich zunächst einmal dankbar, wenn er das Krankenhaus endlich verlassen darf und wieder in seine gewohnte Umgebung nach Hause kommt. Allein dies kann psychisch bereits sehr zum allgemeinen Wohlbefinden beitragen. Was jedoch für den einen oder anderen unerwartet treffen kann, ist der Umgang mit Schmerzen im häuslichen Umfeld. Im Krankenhaus war es einfach. Dort befand man sich unter ständiger Beobachtung und qualifiziertes Personal hat sich um die Schmerzen und vieles andere gekümmert. Wenn man aber wieder in sein normales Privatleben zurückgekehrt ist, kann es sein, dass das Thema wieder stärker in den Vordergrund rückt. Jetzt gilt es eine Entscheidung treffen, wie man mit den Schmerzen umgehen möchte.

In der Anfangsphase sind Schmerzmittel wichtig oder auch unerlässlich. Sie sollten jedoch im Laufe des Prozesses an Bedeutung verlieren. Zu groß sind die Gefahr einer Abhängigkeit sowie die unangenehmen und schädlichen Nebenwirkungen. Ein individueller Zwischenweg und ein sehr bewusster Umgang mit Schmerzmittel sind nun angebracht. Wenn man unter starken Schmerzen leidet, besteht die Gefahr, dass diese chronisch werden. Eine probate Ergänzung, Schmerzen in den Griff zu bekommen, ist die Anwendung von Meditationstechniken und Achtsamkeitsübungen. Hierbei versucht man, sich bei starken Schmerzen gedanklich auf einen Körperteil zu konzentrieren, welcher schmerzfrei ist und reduziert somit die Schmerzen im anderen Körperteil. Diese Technik kann gut funktionieren, muss jedoch zunächst ausprobiert, eingeübt und schlussendlich individuell bewertet werden.

Meditation und Achtsamkeit können nicht nur gute Instrumente gegen körperliche Schmerzen sein, sondern auch für die seelischen Blessuren, die solch eine

© Springer Fachmedien Wiesbaden 2016
M. Faber und T. Badalec, *Krankheit als Projekt angehen*, essentials,
DOI 10.1007/978-3-658-15464-6_5

Krankheit oft hinterlässt. Es geht darum, mit solchen Mitteln sowie einer bewussteren Gestaltung des Tages die innere Mitte und Balance wieder zu finden und sich selbst und damit die Krankheit im Griff zu halten. Es gibt hier eine Vielzahl von Möglichkeiten. Welche individuell geeignet ist, muss jeder selbst testen und beurteilen. Viele Menschen bevorzugen Yoga, andere schwören auf Autogenes Training. Eine Empfehlung, die gern von prozessorientierten Menschen angenommen wird, ist die Achtsamkeitspraxis von Professor Jon Kabat-Zinn (USA).

5.2   Wiederbeginn

Eine stationäre Rehabilitation, die sich meist unmittelbar an den Krankenhausaufenthalt anschließt, ist unumgänglich und nützlich, da die Erkrankung bzw. deren unmittelbare Folgen zeitnah behandelt werden können. Moderne Kurkliniken bieten heute fast „Hotel-Atmosphäre" zum Wohlfühlen und unterstützen die Genesung somit auch mental ein wenig. Der mehrwöchige Reha-Aufenthalt sollte nach Möglichkeit nicht nur für die Wiederherstellung körperlicher Defizite genutzt werden, sondern es muss auch viel Raum dazu eingeräumt werden, um seelisch ins Gleichgewicht zu kommen und zu entspannen. Nutzen Sie die Zeit, um in Ihrem „Projekt Krankheit" nun in aller Ruhe die nächsten Weichen zu stellen, zu reflektieren und nachzudenken.

Die Chance, sich beruflich neu aufzustellen, besteht theoretisch immer – auch im gesunden Zustand. Allerdings nutzen nur die Wenigsten die Möglichkeit, da die Routine die Jahre ins Land gehen lässt und dann doch nie der perfekte Zeitpunkt da ist. So schlimm die Erfahrung mit einer schweren Erkrankung auch sein mag, die Chance für einen Neuanfang bietet sich hier am leichtesten und kann auch von Ihrem Umfeld am besten nachvollzogen werden.

Zum Wiedereinstieg in den Beruf wird eine stufenweise Wiedereingliederung empfohlen, da eine schwere Erkrankung oder Operation den Körper mehr schwächt, als man vielleicht annimmt. Wie solch eine berufliche Wiedereingliederung aussieht, sollte individuell und maßgeschneidert festgelegt werden. Empfohlen ist das sog. „Hamburger Modell". Man kann, je nach Erkrankungsform, z. B. mit zwei Stunden Arbeit pro Tag beginnen und dann das Pensum in einem angemessenen Rhythmus stundenweise steigern. Probeweise sollte zumindest in der Anfangsphase in der Wochenmitte ein zusätzlicher Ruhetag eingelegt werden. Scheuen Sie sich auch nicht, im Laufe eines Arbeitstages mehrere Ruhepausen einzubauen. Wenn das berufliche Umfeld hierfür kein Verständnis aufbringt, dann befinden Sie sich vermutlich am falschen Platz und sollten dringend überdenken, ob es sich lohnt, sich erneut in diesem „Hamsterrad" aufzehren zu lassen.

Es empfiehlt sich, den Verlauf der Wiedereingliederung von einer unbeteiligten und fachkundigen Person beobachten zu lassen, z. B. im Rahmen der Nachsorge der behandelnden Klinik. So läuft man nicht Gefahr, in alte Verhaltensmuster zu rutschen. Dies ist besonders dann wichtig, wenn der Arbeitsplatz einen Beitrag zur Erkrankung geleistet hat. Auch eine Begleitung durch einen Psychotherapeuten kann hierbei wertvoll sein, welcher korrigierend eingreifen kann.

Die größte Gefahr beim „unbegleiteten" Wiedereinstieg in das Arbeitsleben ist nämlich, in seine alten, schädlichen Muster wieder hineinzugeraten. Was hätten Sie früher immer gerne geändert, konnten es aber durch Sachzwänge nicht realisieren? Wollten Sie früher schon Ballast über Bord werfen und sich neu aufstellen? Oder einen völlig neuen Weg einschlagen, weil Sie aufgrund Ihrer Grenzerfahrung durch die Krankheit eine neue Sichtweise auf das Leben bekommen haben und die verbleibende, kostbare Lebenszeit nun ganz anders nutzen wollen?

Überlegen Sie sich beispielsweise, ob Sie Ihre Wochenstunden reduzieren können oder ob ein Tele-Arbeitsplatz von zuhause aus eine Alternative darstellt. Sollten Sie sich ab einem gewissen Punkt wieder für eine Vollzeitstelle bereit fühlen, überlegen Sie gemeinsam mit Ihrem Vorgesetzten, welche Aufgaben Sie abgeben können oder ob ihr Schwerpunkt vielleicht gänzlich verlagert werden sollte. So kann im Nachgang der Krankheit im besten Fall sogar noch eine neue, spannende Perspektive im Beruf auf Sie warten. Denn in den meisten Fällen werden Sie feststellen, dass Ihre Krankheit nicht nur Ihnen, sondern auch ihrem Umfeld zu denken gegeben hat und Ihr Vorgesetzter wird genau jetzt gegenüber Veränderungen aufgeschlossener sein.

Im schlimmsten Fall schaffen Sie es vielleicht gar nicht mehr, wieder voll ins Arbeitsleben einzusteigen. Denn nicht nur der Beruf kostet Energie, auch der früher so „nebenbei" gemeisterte Alltag kann für Sie nun überraschend stark an den Kräften zehren. Plötzlich merken Sie, dass allein der Weg von und zum Arbeitsplatz anstrengender geworden ist, ebenso das Einkaufen, ein Kinobesuch oder das manchmal turbulente Familienleben.

Lassen Sie sich unverbindlich beraten, ob nicht eine teilweise oder volle Erwerbsminderungsrente für Sie infrage käme. Sprechen Sie ernsthaft mit Ihrem Arzt darüber. Fachkundige Hilfe und Auskünfte bekommt man bei der Deutschen Rentenversicherung, beim Versicherungsamt Ihrer Kommune bzw. Gemeinde sowie bei Sozialverbänden (z. B. Vdk).

Leben als Pflegefall oder als Schwerbehinderter 6

Leider gibt es auch solche Krankheiten, von welchen man ich nie mehr zu 100 % erholen kann oder die einen für den Rest seines Lebens begleiten. Gerade für Menschen, die es gewohnt waren, im Beruf stark eingespannt zu sein, erfolgreich agierten sowie proaktiv und eigenverantwortlich ihr Leben gestalteten, ist dieses Thema eine schwierige Angelegenheit. Denn schlagartig ist alles anders! Plötzlich ist man unter Umständen sogar für alltägliche Dinge auf externe Hilfe angewiesen. Hat man kurz vorher noch ein großes Publikum bei einer Präsentation begeistert, muss man nun für eine einfache Tätigkeit eine Pflegekraft oder den Partner zu Hilfe rufen. Wohl dem, für den es nur eine vorübergehende Erfahrung sein wird und der selbst wieder schnell ins aktive Tun zurückkehren kann. Aber selbst diese temporären Erfahrungen sind sehr einprägsam und schaffen eine große Dankbarkeit und Demut für die Bewältigung kleiner Alltäglichkeiten.

Für einige wird jedoch leider die eigene Pflegebedürftigkeit Alltag. Wenn z. B. durch eine Querschnittslähmung halsabwärts keine Bewegung mehr möglich ist oder durch einen Hirninfarkt eine Körperhälfte nicht mehr funktioniert. Dann gilt es, sich auf diese neue Situation rein technisch aber auch mental einzustellen.

Ganz wichtig dabei ist: bleiben Sie realistisch aber denken Sie auch nicht zu negativ! Der Zustand einer Bewegungsunfähigkeit kann sich in manchen Fällen auch wieder ändern. Zuweilen täuschen sich die Ärzte und der Körper findet Möglichkeiten, aus dieser Situation selbst herauszukommen. Gerade bei einer Immobilität, die eigentlich manifestiert erscheint, kann das Gehirn neue Wege bilden, um die Mobilität wieder zu erreichen. Es ist durchaus möglich, dass eine Querschnittslähmung sich im Laufe der Zeit zurückbildet, weil sich neue Nervenstränge im Rückenmark formieren. Diese sind dann zwar nicht mehr so stabil wie die Originale, aber sie ermöglichen zumindest eine selbstständige Fortbewegung. Man darf daher niemals zu früh aufgeben!

© Springer Fachmedien Wiesbaden 2016
M. Faber und T. Badalec, *Krankheit als Projekt angehen,* essentials,
DOI 10.1007/978-3-658-15464-6_6

Sollte sich eine Behinderung jedoch manifestiert haben, gilt es, sich so gut wie möglich mit der neuen Situation abzufinden und ganz pragmatisch zu überlegen, welche Methoden man ergreift, um das neue Leben bestmöglich zu meistern. Hierzu gehört zunächst, wie man die Auswirkungen seines Handicaps am besten reduzieren kann und welche technischen Hilfen es hierfür gibt. Die rein praktische Beschäftigung mit dieser Thematik kann den Menschen auch für das Erste mental vom schweren Schicksal ablenken. Jedoch führt kein Weg daran vorbei, sich früher oder später auch seelisch mit der neuen Lebenssituation abzufinden und diese langsam zu verarbeiten. Dies sollte niemals alleine geschehen, sondern unter Zuhilfenahme einer geeigneten Person – sei es der Partner, ein enger Freund oder ein Therapeut.

Pflegebedürftig zu sein, ist nicht nur für den Erkrankten eine große Herausforderung, sondern auch für die Familienmitglieder und Partner, welche die häusliche Pflege übernehmen. Denn auch für sie wird ihr bisheriges Leben völlig auf den Kopf gestellt. Um zu vermeiden, dass die Pflegenden durch die hohe Belastung selbst eines Tages zu Patienten werden, müssen diese Menschen auch Raum und Zeit für sich selbst haben. Dies dient einerseits dazu, um wieder Kraft tanken zu können, andererseits aber dazu, um nicht ebenfalls in die ungewollte Opferrolle zu geraten. Bevor pflegende Angehörige sich überfordern, sollte man das Thema rechtzeitig mit dem Hausarzt oder einem Psychologen besprechen und sich Ratschläge holen, die den Alltag wieder entlasten.

Man muss sich erst einmal daran gewöhnen, zum Kreis der Schwerbehinderten zu gehören. Sehen Sie den Status „schwerbehindert" nicht als Ihre Endstation an, sondern als einen Neuanfang! Der hellgrüne Ausweis wird Sie immer wieder daran erinnern, nicht mehr an die Grenzen Ihrer Kräfte zu gehen, sondern sich zurückzunehmen. Mit diesem Ausweis haben Sie es „schriftlich".

7.1 Das Leben vorher

Um den Alltag nach einer solchen akuten Erkrankung zu verstehen, ist es sinnvoll sich das Leben vorher anzuschauen. Viele, die eine lebensbedrohliche Erkrankung durchgemacht haben, berichten übereinstimmend: ihr vorheriges Leben war geprägt durch viel Hetze und wenig Achtsamkeit sich selbst gegenüber. Oft wird auch der Vergleich mit einem „Hamsterrad" genommen. Es ging darum immer zu funktionieren und den verschiedensten Interessen anderer gerecht zu werden, nur nicht seinen eigenen. Die Familie und die Kinder, Freunde und Bekannte, Kollegen und Geschäftspartner, aber auch die Prestigepflege und Karriere, dies alles beansprucht Zeit. Alles, was einen selbst betrifft, wird gern nach hinten geschoben. Für sich selbst nimmt man sich zu wenig Zeit und priorisiert dafür alles andere. Genau dieses mangelnde Bewusstsein ist gefährlich, da die eigenen Symptome heruntergespielt werden. Eigentlich ganz eindeutige Fakten werden als „halb so schlimm" eingeschätzt und oft mit lapidaren Sätzen wie „was uns nicht umbringt, macht uns härter!" beiseitegeschoben. Und dabei ist es in einem ersten Schritt gar nicht so schwer, die wirkliche Tragweite der Symptome einzuschätzen. Fragen Sie einfach jemanden, dem Sie vertrauen und sprechen Sie mit ihm über das, was Sie bewegt. In einem Dialog bekommt man eine neue Sicht von außen und kann möglicherweise die aktuelle Situation anders einschätzen. Wichtig ist, dass der Vertraute auch wirklich offen ist und seine Eindrücke ehrlich mit Ihnen teilt anstatt Dinge aus Höflichkeit oder Rücksichtnahme zu verschweigen. Das Gespräch mit einem Vertrauten kann jedoch nur der erste Schritt sein, denn er ist kein Arzt. Es dient lediglich als Einstieg, um die weiteren Schritte zu beschließen.

© Springer Fachmedien Wiesbaden 2016
M. Faber und T. Badalec, *Krankheit als Projekt angehen*, essentials,
DOI 10.1007/978-3-658-15464-6_7

Leider hat auch unsere Gesellschaft eine Einstellung zum Thema Krankheit, die es erschweren kann, die Tragweite einer Krankheit zu akzeptieren bzw. zuzugeben. Krank zu sein wird als Schwäche gesehen und deswegen möchte man sich diese Blöße nicht geben. Auch gibt man sich selbst gerne als stärker, als man ist. Krank werden immer nur „die anderen".

▶ Tipp: versuchen Sie, diese Denkmuster zu durchbrechen. Jeder Mensch kann krank werden. Auch Sie! Und es wäre schade, wichtige Zeit verloren zu haben, weil man in alten Denkmustern hängt.

Gerade den Generationen, welche bis Ende der 60er Jahre geboren wurden, wurde Ordnung, Fleiß und Disziplin beigebracht. Zu funktionieren und möglichst pflichtbewusst zu sein, galt als besonders erstrebenswert und wurde von der Gesellschaft mit Anerkennung belohnt. Diese Verhaltensmuster können im Arbeitsleben schnell zur Falle werden und bei starker Ausprägung auf Dauer die Gesundheit gefährden. Aber nach einer schweren Erkrankung kann man genau diese Attribute ja auch FÜR sich und nicht GEGEN sich nutzen: nämlich professionell und diszipliniert für das eigene „Projekt Krankheit" zu arbeiten.

7.2   Aus Erfahrung lernen

Wenn die akute Phase der Krankheit überstanden ist, sollte spätestens dann sich Zeit genommen werden, um über das vergangene Berufs- und Privatleben kritisch nachzudenken und es auf den Prüfstand zu stellen.

- Überdenken Sie Ihre Rolle und Ihr bisheriges Verhalten gegenüber Mitarbeitern, Kollegen, Kunden, Geschäftspartnern, etc. Fanden Sie darin Erfüllung oder haben Sie durch Ihr Tun Ihre Erkrankung eventuell sogar forciert?
- Hat sich Ihre „Investition" für Sie unter dem Strich gelohnt?
- Waren Sie als Vorgesetzter bzw. Manager eher beliebt oder gefürchtet? Wie hat sich das auf Ihre Genesung ausgewirkt? Bekamen Sie die erwartete Unterstützung aus Ihrem Kollegen- und/ oder Mitarbeiterkreis? Falls nicht, lag es eventuell auch an Ihrem bisherigen Verhalten?
- Nach einer Grenzerfahrung, wie einer schweren Krankheit oder einem gravierenden Unfall, bewertet man viele Dinge neu und sortiert sein Leben um. Wie wichtig sind Ihnen aktuell Prestige, Macht und Geld? Kann man diese angestrebte Anerkennung nicht auch auf andere Art und Weise und in anderer Form erhalten?

- Viele Menschen glauben an ein Leben nach dem Tod. Ganz sicher jedoch gibt es auch ein Leben VOR dem Tod. Schieben Sie also lang gehegte Wünsche nicht auf.
- Denken Sie doch mal über den folgenden Satz nach: „Die Friedhöfe der Welt sind voll von Leuten, die sich für unentbehrlich hielten" (George Benjamin Clémenceau)

Die oben beschriebenen Punkte werden bei vielen auf Zustimmung stoßen und jeder hat den einen oder anderen Punkt schon für sich durchdacht. Aber jetzt kommt die schwierige Aufgabe: wie kann man die für einen wichtigen Punkte langfristig umsetzen? Wie schafft man es, die Muster, die sich seit der frühen Kindheit gefestigt haben, dauerhaft zu durchbrechen? Dafür gibt es keine allgemein gültige Antwort. Jeder muss seinen Weg finden und kann sich für diesen Weg nur Anregungen holen. Im Folgenden ein paar Beispiele, wie Sie ihr Leben nach der Krankheit umstrukturieren können. Natürlich können auch mehrere Wege für Sie passend sein:

- Rückmeldungen von Vertrauten:
  Ganz wichtig in diesem Prozess ist das Feedback von Freunden, Familienmitgliedern und Kollegen. Menschen, die es gut mit Ihnen meinen. Jedoch muss man dafür offen sein, die Meinung der anderen anzunehmen und diese Menschen aktiv dazu einladen, dieses Feedback auch zu geben. Die externe Sichtweise kann sehr hilfreich sein, innezuhalten und sich zu prüfen. Denn oft sieht man ab einem bestimmten Punkt „den Wald vor lauter Bäumen nicht mehr"
- Suchen Sie sich Gleichgesinnte:
  Es ist immer sinnvoll, sich mit Menschen zusammenzutun, die in der Vergangenheit ähnliche Erfahrungen gemacht haben. Das kann entweder in einem informellen Rahmen erfolgen oder man schließt sich einer Selbsthilfegruppe an, die mit regelmäßigen Treffen eine gewisse Routine schafft. Man kann sich gegenseitig unterstützen und sich vielleicht auch das Verständnis holen, welches der Freundeskreis nicht vermitteln kann, weil er solche Erlebnisse bisher ja nicht hatte
- Suchen Sie sich professionelle Unterstützung:
  Eine weitere Idee ist die langfristige Begleitung durch einen Coach oder durch einen Therapeuten. Diesen Weg sollte man gehen, wenn man zu seinem Berater eine gewisse menschliche Distanz braucht. Denn egal wie gut es Freunde und Familie meinen, manchmal findet man gerade dann nicht die richtigen Worte, wenn einem die Betroffenen besonders viel bedeuten. In regelmäßigen, langfristigen Sitzungen kann man gemeinsam mit dem Coach erarbeiten, wohin die Reise gehen soll

- Setzen Sie Ihre Prioritäten neu:
  Durch Ihre Krankheit wird Ihnen sicherlich so einiges klar geworden sein und Ihre Prioritäten haben sich vermutlich ein Stück verschoben. Führen Sie sich dies noch mal ganz klar vor Augen und überlegen Sie, welche Schwerpunkte in Zukunft gesetzt werden sollen. Arbeitszeitreduzierung wäre hierfür ein klassisches Beispiel und ist mindestens für die ersten Monate sehr zu empfehlen. Wenn man in einem Angestelltenverhältnis ist, kann dies mit Absprache des Unternehmens erfolgen. Jedoch muss man sich auch über die Finanzierung dieses Vorhabens im Klaren sein. Unternehmer und Selbstständige können diese Entscheidung zwar eigenverantwortlich entscheiden, jedoch sollten gerade Sie im Auge behalten, inwiefern es Ihnen möglich ist, die Arbeit liegen zu lassen. Solch ein Weg sollte mittelfristig gut vorbereitet werden. Viele Punkte sind dabei zu beachten. Beispielsweise, ob die bisherige Aufgabe auch in Teilzeit möglich ist. Ist die Unternehmenskultur oder das eigene Umfeld dafür bereit? Die eigene Kostenstruktur muss übersichtlich sein, um als Entscheidungsgrundlage zu dienen. Zu guter Letzt sollte hierzu noch erwähnt werden, dass es auch Menschen gibt, welche die Ablenkung durch die Arbeit unbedingt brauchen und wünschen. Denken Sie trotzdem gut darüber nach, in welchem Ausmaß Sie dies tun wollen und verfallen Sie nicht wieder in alte Muster
- Überprüfen Sie Ihr Vorgehen:
  Eine Alternative dazu wäre, sich immer mal wieder kleine Auszeiten zu gönnen und während dieser Auszeiten zu prüfen, ob man noch auf den richtigen Weg ist. Aber auch das ist ein Weg, der gut vorbereitet werden muss und nicht in jedem Umfeld möglich ist. Die Fragestellungen sind die gleichen wie bei einer dauerhaften Arbeitsreduktion

Und nicht zuletzt ist einfach Lebensfreude, Dankbarkeit und Demut wichtig:

- **Lebensfreude,** weil man erlebt hat, wie anstrengend gesundheitliche Schwierigkeiten sein können und mit welcher Freude man nun vorher ganz selbstverständliche Dinge genießt
- **Dankbarkeit,** weil man nun weiß, dass es eine andere Seite gibt und man nun für die momentanen gesunden und schmerzfreien Tage einfach nur dankbar sein kann. Und dankbar vielleicht auch, dass man diese Prüfung überhaupt überlebt hat

- Und **Demut,** dass man nicht alles als selbstverständlich nimmt, sondern sich bewusst ist, dass nicht alles in der eigenen Hand liegt, sondern es viel gibt, das man nicht managen kann

Was Sie aus diesem *essential* mitnehmen können

- Betrachtung des Themas Krankheit aus einem anderen Blickwinkel
- Anregungen zur Findung des eigenen Weges durch eine schwierige Lebensphase
- Einsatz beruflich bewährter Vorgehensweisen durch diesen Prozess

© Springer Fachmedien Wiesbaden 2016

41

M. Faber und T. Badalec, *Krankheit als Projekt angehen,* essentials,
DOI 10.1007/978-3-658-15464-6